AF310102

DU DROIT

DE PÉTITION.

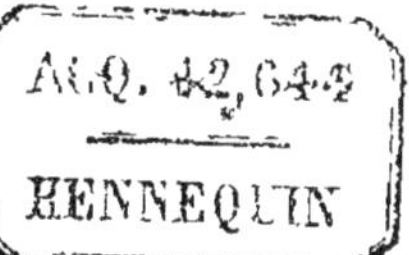

PAR M. DEVAUX, DÉPUTÉ DU CHER.

PARIS,

A LA LIBRAIRIE CONSTITUTIONNELLE

DE BRISSOT-THIVARS,

rue Neuve-dès-Petits-Champs, n° 22.

Février, 1820.

DU DROIT

DE

PÉTITION.

Les idées ne sont pas généralement bien fixées sur la nature, l'étendue et les formes du droit de pétition. Les opinions contraires, émises dans les séances des 14 et 15 janvier, sembleraient démontrer l'absence de tout principe positif sur cette matière, qui, cependant, est une des plus claires de notre droit public.

Deux honorables députés, MM. de Kergorlay et de Bonald, ont, avant et après cette discussion du 15 janvier, tenté, par des écrits distribués à la chambre, de créer une nouvelle théorie pour exclure du droit de pétition la faculté d'exprimer des vœux ou des opinions sur la législation.

Le premier de ces écrits a précédé le rapport sur les pétitions tendant au maintien de la charte et de la loi des élections : c'était peut-être un prélude aux attaques préméditées contre nos institutions.

Le second vient de paraître au moment ou l'on annonce un deuxième rapport sur les nouvelles pétitions en faveur de la charte et de la loi des élections. La conclusion de cet écrit annonce l'intention de son auteur : *Il faut*, dit l'honorable député, *une bonne loi d'élection qui en éloigne les factieux.*

Ainsi ce n'est réellement pas contre le droit de pétition que les efforts sont principalement dirigés : c'est contre la charte et la loi des élections. Le droit de pétition n'est attaqué que comme un obstacle au but qu'on veut atteindre.

C'est donc une théorie de circonstance; c'est par cela même une théorie suspecte. C'est assez ordinairement dans ces discussions passionnées que les erreurs s'introduisent, et l'on voit souvent les meilleurs esprits, séduits par leurs vœux, créer des doctrines favorables à leur but.

Il y a quelque chose d'effrayant dans le cours actuel des événemens. Une puissance invisible, mais très-active, semble menacer à la fois tous nos droits constitutionnels dont on essaie d'abord de corrompre les principes.

Une nouvelle doctrine d'exclusion arbitraire attaque l'intégrité de la représentation nationale;

Un nouveau systéme d'indignité se présente pour remplacer et les conditions légales d'éligibilité, et le principe constitutionnel de l'oubli des opinions;

L'exercice du droit électoral est arbitrairement suspendu dans quatre départemens;

La charte est soumise à la distinction métaphisique des dispositions fondamentales et des *formes réglementaires;*

Les dépositaires du pouvoir appellent de tous leurs vœux une nouvelle censure attentatoire à la liberté de la presse;

On travaille évidemment à élever un pouvoir parlementaire absolu au-dessus de tout, pour qu'il n'y ait plus rien d'irrévocable;

Le droit de pétition est méconnu par les uns, censuré par les autres;

Les députés sont réduits à la nécessité de provoquer eux-mêmes, et très-inutilement peut-être, l'organisation du jury, de la garde nationale et du pouvoir municipal dans le sens constitutionnel.

Dans le même temps qu'on laisse la constitution dépourvue de bonnes et fortes institutions qui la défendent, on érige en doctrine le pouvoir parlementaire illimité qui peut la détruire.

Puis, à côté de ce principe de mort, de *cette science du pouvoir,* on veut créer un nouveau système électoral qui place le pouvoir législatif dans des mains ennemies, des institutions libérales, ou qui amène une chambre de députés dociles à toutes les impulsions, flexibles à toutes les volontés. Alors, et par cette parfaite concordance de principes et d'actions, on créé tout à la fois et le pouvoir de tout détruire, et le moyen de s'emparer de cette puissance subversive des institutions existantes, et négative des institutions nouvelles dont la France éprouve le besoin.

Ce plan de contre-révolution n'a peut-être rien de réel. C'est toujours un grand malheur qu'il ait quelque chose de probable ; et cette apparence de réalité doit réveiller l'attention des députés conservateurs de nos libertés : c'est à ce titre que j'entreprends d'exposer les véritables principes du droit constitutionnel de pétition, tels que je les conçois.

La critique du droit de pétition tendait à en exclure l'application aux matières de législation, et à proscrire les pétitions signées de plusieurs individus. On voulait réduire le droit de pétition à l'expression d'une demande relative à un intérêt privé. On a cherché ce système de restriction,

1° Dans le véritable sens du mot pétition;

2° Dans la forme des pétitions *collectives*;

3° Dans l'initiative royale;

4° Dans l'influence des pétitions sur la chambre des députés;

5° Dans la responsabilité nécessaire des écrits.

J'examinerai le droit de pétition sous ces divers rapports.

§ Ier.

Véritable sens du mot pétition.

Le droit de pétition, dans la législation anglaise, fait partie des *droits auxiliaires* établis pour assurer la jouissance des droits *absolus.*

Les droits absolus dérivent de l'état primitif de l'homme ; il les tient de la nature, et l'union des hommes en société tend à leur assurer la jouissance de ces droits. Les Anglais appellent ces droits absolus *leurs libertés*.

Les droits auxiliaires sont établis par la constitution pour garantir *les libertés* de toute atteinte, et Blakstone, au titre des droits des personnes, reconnaît parmi ces droits auxiliaires, celui *de présenter au roi et aux deux chambres des pétitions pour les affaires de l'État et de l'Église.*

Nous avons emprunté des Anglais le mot *pétition*, inconnu dans la langue française avant la révolution. Le besoin d'exprimer les mêmes idées nous a fait recourir à la même expression. Alors, cependant, nous avions dans notre vocabulaire les termes de *demande*, de *requête*, de *plainte*, et tous ceux relatifs à l'énonciation d'un intérêt individuel, réclamant justice des corps administratifs et judiciaires, et même de la puissance royale.

Le mot *pétition* n'est pas venu s'adjoindre à ces termes pour créer une vaine *synonymie*; il signifie donc autre chose.

L'histoire de son introduction dans la langue

française, révèle avec quelle acception il est venu se placer dans notre dictionnaire.

L'usage habituel de faire des *adresses* au roi et à l'assemblée constituante, sur des matières politiques, fit naître la distinction de celles des grands corps de l'Etat, d'avec celles des citoyens ou des corporations. Le mot d'*adresse* resta pour exprimer les discours de l'assemblée nationale ou des corps administratifs au roi ou au peuple. Le mot de *pétition* fut pris dans la langue anglaise, pour exprimer principalement des vœux individuels *sur les affaires de l'Etat et de l'Eglise*, c'est-à-dire sur les matières politiques placées, avant la révolution, au-dessus de toute discussion publique.

Quand l'usage des pétitions appliqué aux objets d'intérêt général et de législation se fut introduit, on éprouva bientôt le besoin de le régulariser par la loi du 22 mai 1791.

M. le Chapelier, organe du comité de constitution, et rapporteur de cette loi, disait :

« Le droit de pétition est le droit qu'a le
» citoyen actif de présenter *son vœu au corps*
» *législatif*, au roi, aux administrations sur

» les objets *d'administration et d'organisa-*
» *tion.* »

M. de Baumetz disait :

« Les Anglais se sont emparés du mot péti-
» tion, pour exprimer *une idée politique ;*
» ils entendent par ce mot de pétition, le droit
» d'émettre *un vœu individuel ou une*
» *somme de vœux individuels sur un objet*
» *d'intérêt général.* »

Les deux orateurs partaient de ce principe
pour arriver à la même conclusion, que *« le*
droit de pétition *ne peut être délégué.* » En
effet, on ne peut déléguer le droit d'émettre
son vœu personnel sur la législation ; car ce
serait se donner des représentans de *hasard,*
comme dit M. de Bonald, à côté du corps législatif constitué.

Par suite de cette lumineuse discussion,
l'art. 1er de la loi du 22 mai 1791 fut ainsi
rédigé.

« Le droit de pétition appartient à tout
» individu, *et ne peut être délégué.* »

» Il ne pourra être exercé *en nom collectif*
» par les corps électoraux, judiciaires, admi-
» nistratifs ou municipaux, par les sections
» de communes, *ni les sociétés de citoyens.* »

Certes la loi serait dérisoire, en défendant aux corps administratifs et judiciaires de présenter *en nom collectif* des pétitions relatives *à des intérêts individuels* dont le soin, la direction et la poursuite sont dans le domaine privé. Cette prohibition d'exprimer *en nom collectif* des vœux sur des objets d'intérêt général, se conçoit très-bien, comme conséquence de la déclaration que le droit de pétition sur les matières législatives ne peut être délégué, mais elle est inintelligible si elle a pour but des pétitions *en nom collectif* des autorités publiques sur des intérêts privés; car il n'y avait pas d'exemple que les corps administratifs ou judiciaires eussent jamais fait de telles pétitions.

L'orateur du comité de constitution caractérisait au surplus le droit de pétition assez fortement pour ne jamais le confondre avec la plainte. « On forme, disait-il, une pétition, » soit pour demander la réforme d'une insti- » tution vicieuse, soit pour en provoquer » une qu'on regarde comme utile; déjà nous » avons, par ce peu de mots, marqué la » distinction entre la plainte et la pétition. »

Ce n'est donc pas l'étymologie seule du mot

pétition, dérivé du latin *petere*, qu'il faut consulter. C'est l'histoire de son adoption en France qui révèle que sa principale destination est *d'énoncer des vœux individuels, ou une somme de vœux individuels sur des objets d'intérêt général.*

L'étymologie même du mot ne contrarie pas cette acception du mot *pétition*; car demander le maintien, la réforme ou l'établissement d'une loi ou d'une institution, c'est toujours former une demande. Mais ce qu'il y a de bien remarquable, c'est que le mot *pétition* s'est introduit dans notre langue précisément pour s'appliquer, comme chez les Anglais, aux matières législatives dont on veut l'exclure.

Le mot *pétition* a conservé ce sens sous la constitution de l'an 3, dont l'art. 364 maintint l'usage *d'adresser des pétitions aux autorités publiques*, sans apporter aucune restriction à la matière des pétitions; et l'art. 83 de la constitution de l'an 8 laissa le droit de pétition, quant à son objet, dans la latitude la plus indéfinie.

C'est en cet état que l'art. 53 de la charte a de nouveau consacré le droit de pétition à *l'une ou à l'autre des chambres*, avec la seule interdiction d'apporter des pétitions à la barre.

Les matières législatives sont essentiellement dans les attributions des chambres ; elles forment même leur unique compétence, à l'exception que celle des députés accuse, et que celle des pairs juge les ministres. Consacrer le droit de pétition à une autorité purement législative, c'est ouvertement déclarer que le droit de pétition comprend les matières législatives.

Toutes les pétitions d'intérêt privé sortent de la compétence des deux chambres, à moins qu'elles ne conduisent à une accusation contre les ministres, ou à quelqu'institution législative, parce que tous les intérêts privés sont régis par le droit civil ou par le droit administratif dont l'application est faite par les autorités publiques.

Le droit de pétition peut s'exercer par la dénonciation des abus, par des projets de réforme, d'une loi vicieuse dont on éprouve des dommages, par des idées d'améliorations dont on espère des avantages, par la proposition de créer de nouvelles institutions, ou de maintenir celles qui existent; tout cela rentre dans la compétence législative des chambres.

L'interdiction de présenter des pétitions à la barre caractérise très-bien encore l'objet de ces pétitions. L'interdiction est dictée par le souvenir des pétitionnaires qui, précisément sur des matières législatives ou d'intérêt général, avaient influencé l'assemblée nationale, menacé l'assemblée législative et opprimé la convention. Jamais ces pétitionnaires n'avaient paru en foule à la barre de nos assemblées pour des intérêts privés, mais toujours pour un intérêt politique.

Ainsi, l'art. 53 de la charte est expliqué par tous les antécédens, par un usage de six années pendant lesquelles les chambres ont reçu des pétitions politiques : en convenant de ces précédens, on les récuse comme une erreur; mais si l'usage a lui-même force de loi, selon la règle, *diuturni mores consensu utentium comprobati legem imitantur*, l'usage est encore le meilleur interprète des lois : *optima legum interpres consuetudo*; pour qualifier d'abus ou d'erreur l'usage, qui abroge, interprète, modifie et prend même la

placé des lois , on devrait au moins démontrer la contradiction de cet usage avec l'art. 53
de la charte ; bien loin de pouvoir atteindre
à cette démonstration , on voit la parfaite
harmonie de l'usage avec le texte de la
constitution.

1° Dans l'emprunt fait à la langue politique
des Anglais du mot pétition pour exprimer
des vœux individuels *sur les affaires de l'État*;

2° Dans l'acception de ce mot, bien mar-
quée par la lumineuse discussion qui a précédé
la loi du 22 mai 1791 , relative précisément
aux pétitions sur des matières politiques ;

3° Dans le sens du mot pétition, toujours
conservé sans restriction sous les constitutions
de l'an 3 et de l'an 8;

4° Dans le droit constitutionnel de pétition,
établi par l'art. 53 de la Charte, *à l'une ou à
l'autre chambre*, dont la compétence essentiellement législative provoque les pétitions
sur les matières politiques , bien loin de les
prohiber;

6° Dans l'interdiction prononcée par l'article 53 d'apporter en personne des pétitions
à la barre des chambres, interdiction dictée
par le souvenir de l'influence pernicieuse de

la foule des pétitionnaires sur nos assemblées législatives; interdiction qui, par cela même qu'elle prohibe une forme de présenter des pétitions politiques, n'apporte aucune modification à la matière des pétitions:

6° Dans l'usage, qui a précédé et suivi l'article 53, de présenter des pétitions d'intérêt général : usage assez fort pour interpréter la loi dont il ne contrarie pas le texte, puisqu'il serait assez puissant lui-même pour tenir lieu de loi.

§ II.

Pétitions collectives.

Il est nécessaire de distinguer les pétitions *en nom collectif des* pétitions *collectives.*

Les unes sont prohibées par l'art. 1ᵉʳ de la loi du 22 mai 1791, parce que le droit de pétition ne peut être délégué;

Les autres sont permises par cela même qu'elles ne sont pas défendues, et parce que les co-signataires d'une pétition individuelle exercent eux-mêmes leur droit et ne le délèguent pas.

Dans les pétitions en nom collectif les pétitionnaires parlent pour d'autres, pour un département, pour une communauté. Ils établissent ainsi une fausse représentation à côté de la véritable représentation qui est dans la chambre des députés.

Si des sociétés font collectivement des pétitions, celles-ci peuvent n'exprimer que le vœu de la majorité; la minorité devient pétitionnaire malgré elle, dans un sens contraire à son intention : on n'exprime plus alors des vœux individuels.

Dans les pétitions collectives les co-signataires, libres de signer ce qui est conforme à leur intention, manifestent seulement, en signant, l'identité de leurs vœux. Ils évitent la formalité bien inutile de multiplier les exemplaires de la pétition en nombre égal à celui des signataires.

Ils n'ont pas besoin de se réunir, de délibérer et de voter. Le dépôt de la pétition chez un notaire ou dans un lieu public, permet à chacun de la lire et de la signer, s'il l'approuve; en ce cas il ne délibère qu'avec lui-même.

Une pétition est colportée. Celui qui la lit

refuse ou accorde sa signature ; il exerce encore son libre arbitre.

Dans les deux cas tout est licite, tout est honnête même.

M. de Beaumetz consacrait la légalité des pétitions collectives dans le sens de la loi du 22 mai 1791 , lorsqu'il disait que le mot pétition exprimait le droit d'émettre *un vœu individuel* ou une somme de *vœux individuels.*

Les pétitions *collectives* ne perdent pas leur caractère d'individualité par le nombre des signataires. Si, comme l'a dit un noble pair, M. le comte de Sèze, la charte, art. 53, s'en repose sur la législation existante , la loi du 22 mai 1791 résout la difficulté. Car la prohibition unique des pétitions *en nom collectif* laisse dans le domaine de la liberté les *pétitions collectives ,* par la force du principe que tout ce qui n'est pas défendu est permis.

L'art. 364 de la constitution de l'an 3 prohibait les *pétitions collectives des associations* et non celles des individus.

L'art. 83 de la constitution de l'an 8 maintenait le droit des *pétitions individuelles ,* dénomination applicable aux pétitions signées *par des individus* qui ne prennent aucun nom collectif, et n'usurpent aucune qualité de représentation.

Une lettre du ministre de l'intérieur, du 27 mars 1819, lue par l'honorable M. Dupont (de l'Eure) dans la séance du 14 janvier, annonçait au maire de Lisieux que S. Exc. avait « mis » sous les yeux de S. M. la pétition de cinq » cent trois habitans de cette ville , tendant au » maintien de la loi des élections, avec invi- » tation à M. le maire de faire connaître aux » pétitionnaires que S. M. appréciait la fidé- » lité des pétitionnaires, et reconnaissait la » pureté de leurs intentions. » Cette approba- tion n'eût pas été donnée à une pétition illé- gale; et si le ministre eût rendu justice à la pureté d'intention des pétitionnaires, il les eût au moins rappelés à l'observation des formes.

La législation antérieure à la charte, l'u- sage qui l'a précédée et suivie, la correspon- dance ministérielle, tout dépose en faveur de la régularité des pétitions collectives traitant des matières politiques.

§ III.

Du droit de Pétition relativement à l'initiative royale.

L'INITIATIVE des lois est une prérogative royale : le droit de pétition aux deux chambres appartient au peuple. La prérogative royale et le droit populaire dérivent de la même loi fondamentale. On cherche une antinomie pour détruire la liberté des pétitions par son opposition avec l'initiative des lois; mais l'harmonie est parfaite.

Quand des citoyens provoquent une loi nouvelle ou demandent le maintien d'une loi existante, ils expriment un simple vœu. Non-seulement la chambre ne délibère pas directement sur ce vœu, mais elle ne peut même pas le mettre en discussion. La pétition *législative*, comme l'appelle M. de Bonald, peut être convertie, sur la proposition d'un membre des deux chambres, en supplication au roi de présenter une loi sur la même matière (ar. 19 de la charte); mais jamais la pétition ne peut prendre la place d'une proposition de loi qui doit toujours émaner du trône; ce qui serait en effet un attentat contre le pouvoir royal : car en ce cas l'initiative passerait du monarque au peuple.

Il suffit que la chambre ait le droit de prier le roi de faire une proposition de loi sur tel sujet, pour que chaque citoyen ait le droit de demander à la chambre de faire usage de cette faculté constitutionnelle, comme il peut aussi supplier le prince lui-même de faire telle ou telle proposition de loi aux chambres.

La prière aux chambres de faire une adresse au roi sur une matière de législation, ne blesse pas plus l'initiative royale que la supplication au roi de présenter une loi. Dans les deux cas, l'initiative est intacte. L'adresse des chambres n'est pas obligatoire pour le monarque; la supplication des citoyens lui laisse également son libre arbitre.

L'erreur de cette doctrine ennemie du droit de pétition, consiste à supposer dans les chambres une délibération immédiate de leur part sur l'objet de la pétition *législative*, tandis que celle-ci tombe nécessairement dans le néant, si elle n'est pas convertie en proposition d'adresse au roi par un pair ou un député.

§ IV.

Influence des Pétitions sur la Chambre des Députés.

Un principe de législation positive ne doit pas être combattu par ses conséquences, quand on veut raisonner juste. Si le droit de pétition collective, sur des matières législatives existe, l'influence qu'on lui suppose sera par là même une influence légale, prévue par le législateur qui a établi le principe.

La pétition pour conserver une loi, ou pour en créer une nouvelle, appelle l'attention de la chambre sur l'objet dont elle traite. Les députés ne renferment pas toutes les lumières de la France ; leur esprit n'est pas continuellement fixé sur toutes les matières de la législation ; il faut même une très-rare capacité pour les saisir dans leur ensemble, et personne ne peut avoir la prétention de les connaître dans l'immensité de leurs détails. Le droit de pétition ouvre une communication entre la chambre et tous les intérêts, toutes les positions sociales, toutes les vues politiques, toutes les idées d'amélioration et de conservation répandues et disséminées dans la nation. La chambre est le foyer où viennent se réfléchir toutes les lumières individuelles, le centre où se réunissent les vœux et les opinions des citoyens sur les affaires publiques; c'est cette communication du peuple avec ses députés et avec la chambre des pairs que l'art. 53 de la charte érige en principe constitutionnel, et qu'il organise par le droit de pétition aux deux chambres. Supprimez le droit de pétition, vous isolez les chambres législatives, vous condamnez le peuple au secret; mieux vaudrait ravir le bienfait de la publicité des séances, car il importe plus que les représentans connaissent les besoins de la nation qu'il n'importe au peuple d'assister aux séances de ses députés. Et que serait-ce si vous ajoutiez à cet isolement des députés, par la suppression du droit de pétition en matière politique, la nouvelle création dont on nous flatte d'un parlement septennal? C'est bien alors qu'on pourrait nier impunément l'existence importune de l'opinion publique, et que chaque représentant, dégagé de la nécessité de retremper son caractère dans une nouvelle élection, poursuivrait tranquillement la carrière de son ambition. Le peuple n'a que de la gloire à donner à ses honorables défenseurs; d'autres ont des honneurs et de l'argent à prodiguer à ceux qui sacrifient la liberté au pouvoir. Le silence forcé de l'opinion publique plairait à ceux qui ont besoin du mystère.

Mais l'impression, la publication des opinions, ne remplacent-elles pas avantageusement le droit de pétition? Non. D'abord, la liberté de la presse et le droit de pétition sont deux droits constitutionnels qui ne sont pas identiques; car l'un est établi par l'art. 8 et l'autre par l'art. 53 de la charte. De leur différence naît l'impossibilité d'en atténuer un sans diminuer la somme totale de nos droits constitutionnels.

Vainement les pétitionnaires auraient la faculté de publier leurs vœux et leurs opinions politiques par la voie de l'impression. Rien n'égale la publicité de ce qui se dit à la tribune nationale. Le peuple attentif apprend que ses représentans sont instruits de ses besoins ou connaissent ses vœux par des pétitions; il les juge, et la crainte salutaire de ce jugement empêche le zèle de s'endormir, réveille le patriotisme, prévient l'oubli, excite l'émulation, provoque des débats entre les députés, amène des explications de la part des ministres, et imprime à la chambre un mouvement d'activité qui satisfait l'opinion par des résultats ou calme l'irritation qui s'accroîtrait par un silence forcé.

Les députés ne lisent pas tout ce qui s'imprime ; mais ils entendent tout ce qui se dit à la tribune ; et telle pensée généreuse, telle idée salutaire, telle conception utile, sont inspirées par la lecture ou le débat d'une pétition, dont personne n'irait chercher le germe dans un ouvrage imprimé. C'est la pétition du capitaine Marié-Duplan qui a produit le discours du général Foi.

On essaie en vain d'effrayer l'imagination par le souvenir des pétitionnaires de 1793 ou par l'analogie des pétitions de cette époque avec les malheurs qu'elles ont provoqués. De simples pétitions écrites, froidement analysées par un rapporteur, n'eussent jamais obtenu ces terribles résultats.

C'est la présence des pétitionnaires en foule à la barre, ce sont leurs cohortes armées assiégeant la convention, ce sont les clubs de Paris soulevant la populace, ce sont tous ces agens de la plus effrayante anarchie, exerçant leur irrésistible influence sur une *seule* assemblée délibérante et revêtue du *pouvoir absolu,* qui ont produit toutes les catastrophes de 1793. Mais la haine de nos institutions cherche en vain des analogies entre cette époque et la nôtre : l'esprit de liberté n'est plus dans la classe infime ; il est monté, pour s'y fixer irrévocablement, dans la classe intermédiaire, qui ne le laissera jamais dégénérer en licence.

§ V.

De la Responsabilité des Pétitions.

Aucune doctrine ne consacre l'impunité d'un pétitionnaire qui demanderait, comme le suppose M. de Bonald, *le renversement du trône.* Cette *provocation,* et toute autre semblable, sont prévues par les lois. On se plaindrait à tort des omissions ou de l'indulgence de notre Code pénal. Ce n'est pas sous ce rapport que les amis de l'humanité en sollicitent la révision.

Dans la séance du 29 janvier, on a vu l'assemblée voter unanimement pour renvoyer au ministre de la justice la pétition inconstitutionnelle du sieur Herbaud. C'était exprimer l'intention de faire punir le provocateur d'une atteinte à l'inviolabilité royale. Ce vote unanime révèle dans quel sens les amis de la liberté défendent le droit de pétition. Ils n'excuseront jamais la licence dans l'exercice d'aucun droit constitutionnel; leur devoir est de prévenir, par des opinions courageuses, la subversion des principes constitutionnels.

Imprimerie de P.-F. DUPONT , Hôtel des Fermes.